Primera edición, 2015

Malpica, Antonio
    El bondadoso rey / Antonio Malpica ; ilus. de
Valeria Gallo. — México : FCE, 2015
    80 p. ; 25 x 17 cm — ‹Colec. Los Especiales
de A la Orilla del Viento›
    ISBN: 978-607-16-3310-1

    1. Literatura infantil I. Gallo, Valeria, il. II.
Ser. III. t.

LC PZ7   Dewey 808.068 V196c

Distribución mundial

© 2015, Antonio Malpica por el texto
© 2015, Valeria Gallo por las ilustraciones

D. R. © 2015, Fondo de Cultura Económica
Carretera Picacho Ajusco 227, Bosques
del Pedregal, C. P. 14738, México, D. F.
www.fondodeculturaeconomica.com
Empresa certificada ISO 9001:2008

Colección dirigida por Socorro Venegas
Edición: Angélica Antonio Monroy
Diseño: Miguel Venegas Geffroy

Comentarios y sugerencias:
librosparaninos@fondodeculturaeconomica.com
Tel.: (55)5449-1871. Fax: (55)5449-1873

ISBN 978-607-16-3310-1

Impreso en México • *Printed in Mexico*

TOÑO MALPICA ✦ VALERIA GALLO

El bondadoso rey

LOS ESPECIALES DE
A la orilla del viento
FONDO DE CULTURA ECONÓMICA

Hola. Me llamo León. Vivo en la colonia
Narvarte. En un departamento muy chiquito
en un edificio muy alto.

Mi mejor amigo también se llama León.
Y le gusta mucho mirar las estrellas.
Como a mí.

¿Mi mejor amigo? Se llama León. Sus papás
le pusieron así en mi honor. Curioso, ¿no?
Y también le gusta mucho mirar las estrellas.

León y yo lo compartimos todo. La recámara. Las caricaturas en la tele. Las golosinas. Y como él ya está viejito y no hace nada en todo el día, dejo que me acompañe al parque a jugar. Para que no se aburra.

León y yo lo compartimos todo. El gusto por el béisbol. Por la música. Por las mascotas. Y puesto que él aún es pequeño y no tiene amigos, me veo en la necesidad de acompañarlo al parque a jugar. Para que no se sienta solo y para que no le pase nada.

A León le gusta mucho una niña que se
llama Esperanza. Se la pasa diciéndome
lo bonita que es y lo lindo que sería
platicar con ella. ¡Puaj! Vive en el
edificio de enfrente.

A León le gusta mucho una niña que se llama Esperanza.
Se la pasa diciéndome lo gorda que le cae y siempre me
apura cuando nos la encontramos en la calle. ¡Wow!
Vive en el edificio de enfrente.

Desde hace casi medio año, León se va
de vez en cuando en el auto con mi papá
y regresa hasta la noche o hasta el otro
día, sin ganas de hacer nada. Dice que
se va a que le hagan pruebas en la NASA
porque fue elegido para viajar al espacio.
Pero yo no me trago el cuento. Yo sé
adónde va en realidad.

Desde hace casi medio año estoy enfermo.
Muy enfermo. Y tengo que irme a veces de
urgencia al hospital. A veces vuelvo luego
luego. Pero a veces no. Le he inventado a León
que gané un concurso para viajar al espacio
y que voy a que me hagan pruebas y estudios
en la NASA. Afortunadamente, hasta hoy,
se ha tragado muy bien el cuento.

Lo bueno es que al día siguiente León está como si nada. Y siempre me dice lo mismo: "Cuando esté en el espacio, te voy a lanzar un puñado de estrellas. ¡Pobre de ti si no atrapas una!" Y yo sonrío. Aunque sé que eso es imposible.

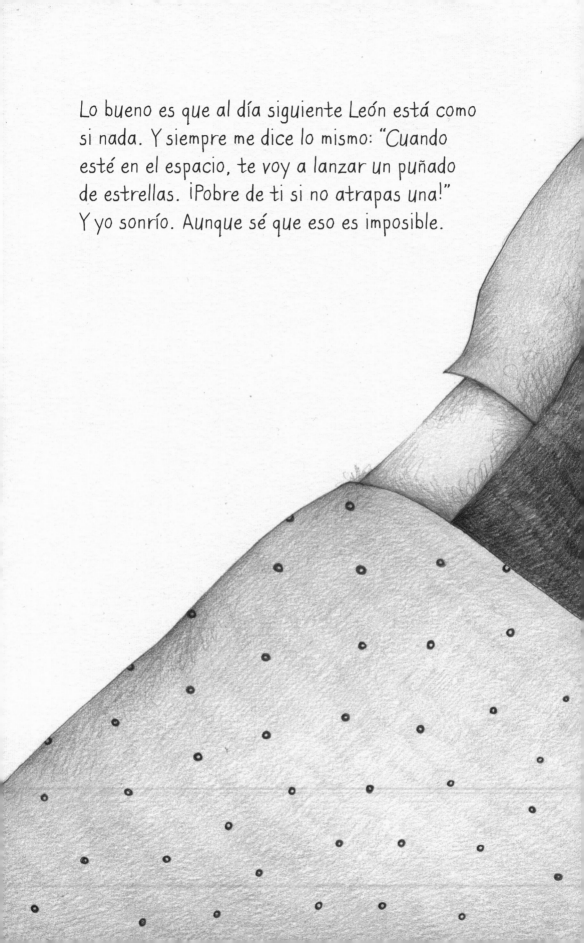

Al día siguiente, aunque aún me sienta fatal, finjo que estoy como si nada. Y algo en mi interior me empuja a hacer una loca promesa: "Cuando esté en el espacio, te voy a lanzar un puñado de estrellas". Y una advertencia: "¡Pobre de ti si no atrapas una!" León siempre sonríe. Se ve que esto le causa mucha ilusión.

Hay días en que me quedo con León en la casa
viendo televisión y acabándonos toda la mantequilla
de maní. Yo preferiría salir a la calle, pero lo hago
para que vea que a veces también pienso en él.

¡Puaj! Ayer vimos a Esperanza con
su ridículo moño azul asomándose
a la ventana. No sé por qué le
gusta a León.

¡Wow! Ayer vimos a Esperanza con su
hermoso moño azul asomándose a la ventana.
Está clarísimo por qué le gusta a León.

Estamos orgullosos de nuestro nombre, pero...
a diferencia de lo que muchas personas creen, el
león no es el rey de la selva, es el rey de la sabana.
Y la mayoría de las veces lucha con otras fieras
igual de salvajes; sus peleas son horribles y
sanguinarias y sin treguas.

Estamos orgullosísimos de llamarnos así. Pero vale la pena aclarar que, contra lo que muchas personas creen, el león no sólo es el rey de la sabana, también es el bondadoso rey que habita oculto en el interior del corazón de un niño. Y la mayoría de las veces retoza y hace carantoñas y juega y discute (por la tele) y concede (la última galleta) y comparte y arrebata y molesta y encanta... sin dar ninguna tregua.

Ayer se fue León a una de sus supuestas pruebas
en la NASA para poder viajar al espacio. ¡Bah!
A veces creo que lo mejor sería decirle que ya
sé la verdad para poder acompañarlo y sentirme
menos mal. Pero luego pienso que mejor no, que
no sería bueno para él.

Ayer tuve que ir al hospital de nuevo. A veces creo que lo mejor sería contarle a León la verdad y pedirle que me acompañe. Le explicaría a los doctores que con él aquí me sentiría menos mal. Pero luego pienso que mejor no, que no sería bueno para él.

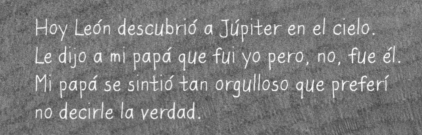

Hoy León descubrió a Júpiter en el cielo.
Le dijo a mi papá que fui yo pero, no, fue él.
Mi papá se sintió tan orgulloso que preferí
no decirle la verdad.

Hoy León descubrió a Júpiter en el cielo.
Su papá se sintió tan orgulloso que me
dio un poco de envidia. ¡Si tan sólo
hubiera sido yo!

¡Esperanza saludó de lejos a León!

En la tarde jugué en el parque con otros niños. León me veía desde una banca. Me dio un poco de tristeza. A lo mejor pensó que ya lo había cambiado por ellos y por eso parecía como si fuera a llorar.

Hoy León jugó en el parque con otros niños.
Lo vi desde una banca. Me dio tantísima
alegría, que casi se me salen las lágrimas.

¿León? Ése es el nombre
de la mejor persona del mundo.

Lo digo porque el jueves pasado se
marchó para siempre al espacio exterior.

"Querido León, mi mejor amigo en el universo..."

"al fin llegó el día...
donde el tiempo no existe..."

"Te quiere...

hasta el infinito...

León."

"Se llaman Leónidas. Y sólo caen en noviembre",
dijo Esperanza. Y yo pensé en decirle lo bonita que
siempre me ha parecido con su hermoso moño azul.

"P. D. : Y pobre de ti si no atrapas una."

El bondadoso rey, de Toño Malpica, con ilustraciones de
Valeria Gallo, se terminó de imprimir y encuadernar en
octubre de 2015 en Impresora y Encuadernadora Progreso,
S. A. de C. V. (IEPSA), calzada San Lorenzo 244,
Paraje San Juan, C. P. 09830, México, D. F.

El tiraje fue de 9700 ejemplares

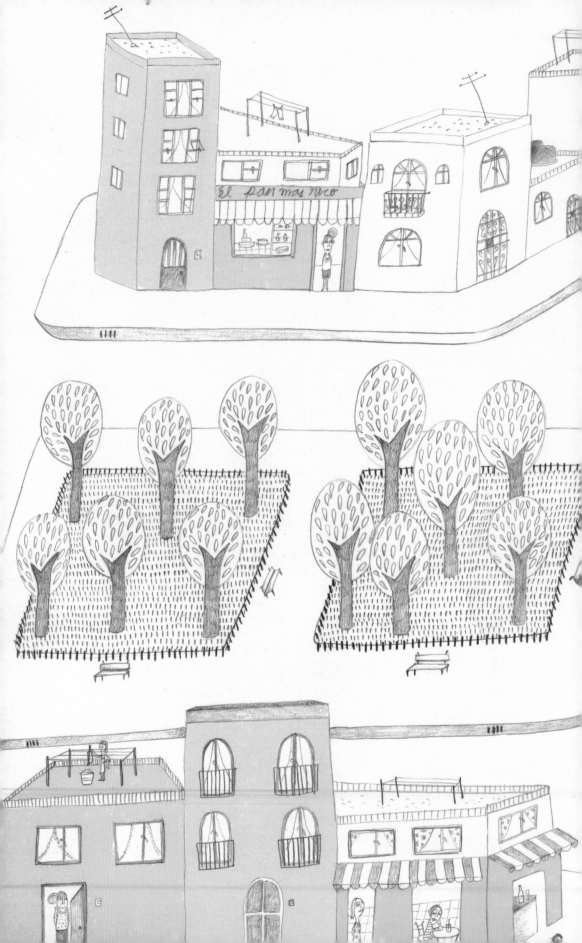